TRANZLATY

Sprache ist für alle da

La lingua è per tutti

Die Schöne und das Biest

La Bella e la Bestia

Gabrielle-Suzanne Barbot de Villeneuve

Deutsch / Italiano

Copyright © 2025 Tranzlaty
All rights reserved
Published by Tranzlaty
ISBN: 978-1-80572-015-7
Original text by Gabrielle-Suzanne Barbot de Villeneuve
La Belle et la Bête
First published in French in 1740
Taken from The Blue Fairy Book (Andrew Lang)
Illustration by Walter Crane
www.tranzlaty.com

Es war einmal ein reicher Kaufmann
C'era una volta un ricco mercante
dieser reiche Kaufmann hatte sechs Kinder
Questo ricco mercante ebbe sei figli
Er hatte drei Söhne und drei Töchter
Ebbe tre figli e tre figlie
Er hat keine Kosten für ihre Ausbildung gescheut
Non ha badato a spese per la loro istruzione
weil er ein vernünftiger Mann war
perché era un uomo di buon senso
aber er gab seinen Kindern viele Diener
ma diede ai suoi figli molti servi
seine Töchter waren überaus hübsch
le sue figlie erano estremamente carine
und seine jüngste Tochter war besonders hübsch
e la figlia più giovane era particolarmente carina
Schon als Kind wurde ihre Schönheit bewundert
già da bambina la sua Bellezza era ammirata
und die Leute nannten sie nach ihrer Schönheit
e il popolo la chiamava con la sua Bellezza
Ihre Schönheit verblasste nicht, als sie älter wurde
la sua Bellezza non è svanita con l'avanzare dell'età
Deshalb nannten die Leute sie weiterhin wegen ihrer Schönheit
così la gente continuava a chiamarla con la sua Bellezza
das machte ihre Schwestern sehr eifersüchtig
Questo rese le sue sorelle molto gelose
Die beiden ältesten Töchter waren sehr stolz
Le due figlie maggiori erano molto orgogliose
Ihr Reichtum war die Quelle ihres Stolzes
La loro ricchezza era la fonte del loro orgoglio
und sie verbargen ihren Stolz nicht
E non nascondevano nemmeno il loro orgoglio
Sie besuchten nicht die Töchter anderer Kaufleute
non visitavano le figlie di altri mercanti
weil sie nur mit Aristokraten zusammentreffen

perché incontrano solo l'aristocrazia
Sie gingen jeden Tag zu Partys
Uscivano tutti i giorni alle feste
Bälle, Theaterstücke, Konzerte usw.
balli, spettacoli teatrali, concerti e così via
und sie lachten über ihre jüngste Schwester
e risero della loro sorella minore
weil sie die meiste Zeit mit Lesen verbrachte
perché passava la maggior parte del suo tempo a leggere
Es war allgemein bekannt, dass sie reich waren
Era risaputo che erano ricchi
so hielten mehrere bedeutende Kaufleute um ihre Hand an
Così diversi eminenti mercanti chiesero la loro mano
aber sie sagten, sie würden nicht heiraten
Ma hanno detto che non si sarebbero sposati
aber sie waren bereit, einige Ausnahmen zu machen
ma erano pronti a fare alcune eccezioni
„Vielleicht könnte ich einen Herzog heiraten"
"forse potrei sposare un duca"
„Ich schätze, ich könnte einen Grafen heiraten"
"Immagino che potrei sposare un conte"
Schönheit dankte sehr höflich denen, die ihr einen Antrag gemacht hatten
Beauty ringraziava molto civilmente coloro che le chiedevano di sposarlo
Sie sagte ihnen, sie sei noch zu jung zum Heiraten
Disse loro che era ancora troppo giovane per sposarsi
Sie wollte noch ein paar Jahre bei ihrem Vater bleiben
Voleva stare ancora qualche anno con suo padre
Auf einmal verlor der Kaufmann sein Vermögen
All'improvviso il mercante perse la sua fortuna
er verlor alles außer einem kleinen Landhaus
perse tutto tranne una piccola casa di campagna
und er sagte seinen Kindern mit Tränen in den Augen:
E disse ai suoi figli con le lacrime agli occhi:
„Wir müssen aufs Land gehen"

"Dobbiamo andare in campagna"
„und wir müssen für unseren Lebensunterhalt arbeiten"
"E dobbiamo lavorare per vivere"
die beiden ältesten Töchter wollten die Stadt nicht verlassen
Le due figlie maggiori non volevano lasciare la città
Sie hatten mehrere Liebhaber in der Stadt
Avevano diversi amanti in città
und sie waren sicher, dass einer ihrer Liebhaber sie heiraten würde
ed erano sicuri che uno dei loro amanti li avrebbe sposati
Sie dachten, ihre Liebhaber würden sie heiraten, auch wenn sie kein Vermögen hätten
Pensavano che i loro amanti li avrebbero sposati anche senza fortuna
aber die guten Damen haben sich geirrt
ma le brave signore si sbagliavano
Ihre Liebhaber verließen sie sehr schnell
i loro amanti li abbandonarono molto rapidamente
weil sie kein Vermögen mehr hatten
perché non avevano più fortuna
das zeigte, dass sie nicht wirklich beliebt waren
Questo ha dimostrato che in realtà non erano ben voluti
alle sagten, sie verdienen kein Mitleid
Tutti hanno detto che non meritano di essere compatiti
„**Wir sind froh, dass ihr Stolz gedemütigt wurde**"
"Siamo lieti di vedere il loro orgoglio umiliato"
„**Lasst sie stolz darauf sein, Kühe zu melken**"
"Si fobbino di mungere le mucche"
aber sie waren um Schönheit besorgt
ma erano preoccupati per la Bellezza
sie war so ein süßes Geschöpf
Era una creatura così dolce
Sie sprach so freundlich zu armen Leuten
Parlava così gentilmente alla povera gente
und sie war von solch unschuldiger Natur
ed era di una natura così innocente

Mehrere Herren hätten sie geheiratet
Diversi gentiluomini l'avrebbero sposata
Sie hätten sie geheiratet, obwohl sie arm war
l'avrebbero sposata anche se era povera
aber sie sagte ihnen, sie könne sie nicht heiraten
Ma lei disse loro che non poteva sposarli
weil sie ihren Vater nicht verlassen wollte
perché non voleva lasciare suo padre
sie war entschlossen, mit ihm aufs Land zu fahren
Era decisa ad andare con lui in campagna
damit sie ihn trösten und ihm helfen konnte
in modo che potesse confortarlo e aiutarlo
Die arme Schönheit war zunächst sehr betrübt
La povera Bella era molto addolorata all'inizio
sie war betrübt über den Verlust ihres Vermögens
era addolorata per la perdita della sua fortuna
„Aber Weinen wird mein Schicksal nicht ändern"
"Ma piangere non cambierà le mie fortune"
„Ich muss versuchen, ohne Reichtum glücklich zu sein"
"Devo cercare di rendermi felice senza ricchezza"
Sie kamen zu ihrem Landhaus
Arrivarono nella loro casa di campagna
und der Kaufmann und seine drei Söhne widmeten sich der Landwirtschaft
e il mercante e i suoi tre figli si dedicarono all'agricoltura
Schönheit stand um vier Uhr morgens auf
La bellezza si alzava alle quattro del mattino
und sie beeilte sich, das Haus zu putzen
e si affrettò a pulire la casa
und sie sorgte dafür, dass das Abendessen fertig war
e si assicurò che la cena fosse pronta
ihr neues Leben fiel ihr zunächst sehr schwer
All'inizio ha trovato la sua nuova vita molto difficile
weil sie diese Arbeit nicht gewohnt war
perché non era stata abituata a un lavoro del genere
aber in weniger als zwei Monaten wurde sie stärker

ma in meno di due mesi divenne più forte
und sie war gesünder als je zuvor
ed era più sana che mai
nachdem sie ihre arbeit erledigt hatte, las sie
Dopo aver finito il suo lavoro, leggeva
sie spielte Cembalo
Suonava il clavicembalo
oder sie sang, während sie Seide spann
o cantava mentre filava la seta
im Gegenteil, ihre beiden Schwestern wussten nicht, wie sie ihre Zeit verbringen sollten
Al contrario, le sue due sorelle non sapevano come passare il loro tempo
Sie standen um zehn auf und taten den ganzen Tag nichts anderes als herumzufaulenzen
Si alzavano alle dieci e non facevano altro che oziare tutto il giorno
Sie beklagten den Verlust ihrer schönen Kleider
Hanno lamentato la perdita dei loro bei vestiti
und sie beklagten sich über den Verlust ihrer Bekannten
e si lamentavano di aver perso i loro conoscenti
„Schau dir unsere jüngste Schwester an", sagten sie zueinander
"Dai un'occhiata alla nostra sorella più piccola", si dissero l'un l'altro
„Was für ein armes und dummes Geschöpf sie ist"
"Che povera e stupida creatura è"
„Es ist gemein, mit so wenig zufrieden zu sein"
"È meschino accontentarsi di così poco"
der freundliche Kaufmann war ganz anderer Meinung
Il gentile mercante era di tutt'altra opinione
er wusste sehr wohl, dass Schönheit ihre Schwestern übertraf
sapeva benissimo che la Bella eclissava le sue sorelle
Sie übertraf sie sowohl charakterlich als auch geistig
Li ha eclissati sia nel carattere che nella mente

er bewunderte ihre Bescheidenheit und ihre harte Arbeit
ammirava la sua umiltà e il suo duro lavoro
aber am meisten bewunderte er ihre Geduld
ma più di tutto ammirava la sua pazienza
Ihre Schwestern überließen ihr die ganze Arbeit
Le sue sorelle le lasciarono tutto il lavoro da fare
und sie beleidigten sie ständig
e l'hanno insultata in ogni momento
Die Familie hatte etwa ein Jahr lang so gelebt
La famiglia viveva così da circa un anno
dann bekam der Kaufmann einen Brief von einem Buchhalter
Poi il mercante ricevette una lettera da un contabile
er hatte in ein Schiff investiert
Aveva investito in una nave
und das Schiff war sicher angekommen
e la nave era arrivata sana e salva
diese Nachricht ließ die beiden ältesten Töchter staunen
Questa notizia fece girare la testa alle due figlie maggiori
Sie hatten sofort die Hoffnung, in die Stadt zurückzukehren
Ebbero subito la speranza di tornare in città
weil sie des Landlebens überdrüssig waren
perché erano abbastanza stanchi della vita di campagna
Sie gingen zu ihrem Vater, als er ging
Andarono dal padre mentre se ne andava
Sie baten ihn, ihnen neue Kleider zu kaufen
Lo pregarono di comprare loro dei vestiti nuovi
Kleider, Bänder und allerlei Kleinigkeiten
vestiti, nastri e ogni sorta di piccole cose
aber die Schönheit verlangte nichts
ma la Bellezza non ha chiesto nulla
weil sie dachte, das Geld würde nicht reichen
perché pensava che i soldi non sarebbero stati sufficienti
es würde nicht reichen, um alles zu kaufen, was ihre Schwestern wollten
Non ci sarebbe stato abbastanza per comprare tutto ciò che le

sue sorelle volevano
„Was möchtest du, Schönheit?", fragte ihr Vater
«Che cosa ti piacerebbe, Bella?» chiese il padre
**"Danke, Vater, dass du so nett bist, an mich zu denken",
sagte sie**
«Grazie, padre, per la bontà di pensare a me», disse
„Vater, sei so freundlich und bring mir eine Rose mit"
"Padre, sii così gentile da portarmi una rosa"
„weil hier im Garten keine Rosen wachsen"
"Perché qui in giardino non crescono rose"
„und Rosen sind eine Art Rarität"
"E le rose sono una specie di rarità"
Schönheit mochte Rosen nicht wirklich
Alla bellezza non importava davvero delle rose
**sie bat nur um etwas, um ihre Schwestern nicht zu
verurteilen**
Chiedeva solo qualcosa per non condannare le sue sorelle
**aber ihre Schwestern dachten, sie hätte aus anderen
Gründen nach Rosen gefragt**
Ma le sue sorelle pensavano che avesse chiesto delle rose per
altri motivi
„Sie hat es nur getan, um besonders auszusehen"
"Lo faceva solo per sembrare particolare"
Der freundliche Mann machte sich auf die Reise
L'uomo gentile proseguì il suo viaggio
aber als er ankam, stritten sie über die Ware
ma quando arrivò, litigarono per la merce
und nach viel Ärger kam er genauso arm zurück wie zuvor
e dopo un sacco di guai tornò povero come prima
**er war nur ein paar Stunden von seinem eigenen Haus
entfernt**
Era a un paio d'ore da casa sua
**und er stellte sich schon die Freude vor, seine Kinder zu
sehen**
e già immaginava la gioia di vedere i suoi figli
aber als er durch den Wald ging, verirrte er sich

ma quando attraversava la foresta si perdeva
es hat furchtbar geregnet und geschneit
Pioveva e nevicava terribilmente
der Wind war so stark, dass er ihn vom Pferd warf
Il vento era così forte che lo fece cadere da cavallo
und die Nacht kam schnell
e la notte stava arrivando in fretta
er begann zu glauben, er müsse verhungern
Cominciò a pensare che avrebbe potuto morire di fame
und er dachte, er könnte erfrieren
e pensò che sarebbe potuto morire assidere
und er dachte, Wölfe könnten ihn fressen
E pensava che i lupi potessero mangiarlo
die Wölfe, die er um sich herum heulen hörte
i lupi che sentiva ululare intorno a lui
aber plötzlich sah er ein Licht
ma all'improvviso vide una luce
er sah das Licht in der Ferne durch die Bäume
Vide la luce in lontananza attraverso gli alberi
als er näher kam, sah er, dass das Licht ein Palast war
Quando si avvicinò, vide che la luce era un palazzo
der Palast war von oben bis unten beleuchtet
Il palazzo era illuminato da cima a fondo
Der Kaufmann dankte Gott für sein Glück
il mercante ringraziò Dio per la sua fortuna
und er eilte zum Palast
e si affrettò a palazzo
aber er war überrascht, keine Leute im Palast zu sehen
ma fu sorpreso di non vedere nessuno nel palazzo
der Hof war völlig leer
Il cortile era completamente vuoto
und nirgendwo ein Lebenszeichen
e non c'era segno di vita da nessuna parte
sein Pferd folgte ihm in den Palast
Il suo cavallo lo seguì nel palazzo
und dann fand sein Pferd großen Stall

e poi il suo cavallo trovò una grande stalla
das arme Tier war fast verhungert
il povero animale era quasi affamato
also ging sein Pferd hinein, um Heu und Hafer zu finden
Così il suo cavallo andò a cercare fieno e avena
zum Glück fand er reichlich zu essen
Fortunatamente trovò molto da mangiare
und der Kaufmann band sein Pferd an die Krippe
e il mercante legò il cavallo alla mangiatoia
Als er zum Haus ging, sah er niemanden
Camminando verso la casa non vide nessuno
aber in einer großen Halle fand er ein gutes Feuer
ma in una grande sala trovò un buon fuoco
und er fand einen Tisch für eine Person gedeckt
e trovò una tavola apparecchiata per uno
er war nass vom Regen und Schnee
Era bagnato dalla pioggia e dalla neve
Also ging er zum Feuer, um sich abzutrocknen
Così si avvicinò al fuoco per asciugarsi
„Ich hoffe, der Hausherr entschuldigt mich"
"Spero che il padrone di casa mi scusi"
„Ich schätze, es wird nicht lange dauern, bis jemand auftaucht."
"Suppongo che non ci vorrà molto prima che qualcuno appaia"
Er wartete eine beträchtliche Zeit
Attese a lungo
er wartete, bis es elf schlug, und noch immer kam niemand
Attese che battessero le undici, e ancora non arrivò nessuno
Schließlich war er so hungrig, dass er nicht länger warten konnte
Alla fine era così affamato che non poteva più aspettare
er nahm ein Hühnchen und aß es in zwei Bissen
Prese del pollo e lo mangiò in due bocconi
er zitterte beim Essen
Stava tremando mentre mangiava il cibo

danach trank er ein paar Gläser Wein
Dopo di che bevve qualche bicchiere di vino
Er wurde mutiger und verließ den Saal
Diventando più coraggioso, uscì dalla sala
und er durchquerte mehrere große Hallen
e attraversò diverse grandi sale
Er ging durch den Palast, bis er in eine Kammer kam
Camminò per il palazzo finché non entrò in una camera
eine Kammer, in der sich ein überaus gutes Bett befand
una camera che aveva un letto estremamente buono
er war von der Tortur sehr erschöpft
era molto stanco per il suo calvario
und es war schon nach Mitternacht
e l'ora era già passata la mezzanotte
also beschloss er, dass es das Beste sei, die Tür zu schließen
Così decise che era meglio chiudere la porta
und er beschloss, dass er zu Bett gehen sollte
e concluse che doveva andare a letto
Es war zehn Uhr morgens, als der Kaufmann aufwachte
Erano le dieci del mattino quando il mercante si svegliò
gerade als er aufstehen wollte, sah er etwas
Proprio mentre stava per alzarsi, vide qualcosa
er war erstaunt, saubere Kleidung zu sehen
Rimase stupito nel vedere un set di vestiti puliti
an der Stelle, wo er seine schmutzigen Kleider zurückgelassen hatte
nel luogo in cui aveva lasciato i suoi vestiti sporchi
"Mit Sicherheit gehört dieser Palast einer netten Fee"
"Certamente questo palazzo appartiene a una fata gentile"
„eine Fee, die mich gesehen und bemitleidet hat"
"una fata che mi ha visto e mi ha compatito"
er sah durch ein Fenster
Guardò attraverso una finestra
aber statt Schnee sah er den herrlichsten Garten
ma invece della neve vide il giardino più delizioso
und im Garten waren die schönsten Rosen

e nel giardino c'erano le rose più belle
dann kehrte er in die große Halle zurück
Poi tornò nella Sala Grande
der Saal, in dem er am Abend zuvor Suppe gegessen hatte
la sala dove aveva mangiato la zuppa la sera prima
und er fand etwas Schokolade auf einem kleinen Tisch
e trovò della cioccolata su un tavolino
„Danke, liebe Frau Fee", sagte er laut
«Grazie, buona Madama Fata», disse ad alta voce
„Danke für Ihre Fürsorge"
"Grazie per essere così premuroso"
„Ich bin Ihnen für all Ihre Gefälligkeiten äußerst dankbar"
"Vi sono estremamente grato per tutti i vostri favori"
Der freundliche Mann trank seine Schokolade
L'uomo gentile bevve la sua cioccolata
und dann ging er sein Pferd suchen
e poi andò a cercare il suo cavallo
aber im Garten erinnerte er sich an die Bitte der Schönheit
ma in giardino si ricordò della richiesta di Bella
und er schnitt einen Rosenzweig ab
e tagliò un ramo di rose
sofort hörte er ein lautes Geräusch
Immediatamente udì un gran rumore
und er sah ein furchtbar furchtbares Tier
e vide una bestia terribilmente spaventosa
er war so erschrocken, dass er kurz davor war, ohnmächtig zu werden
Era così spaventato che era sul punto di svenire
„Du bist sehr undankbar", sagte das Tier zu ihm
"Sei molto ingrato," gli disse la Bestia
und das Tier sprach mit schrecklicher Stimme
e la Bestia parlò con voce terribile
„Ich habe dein Leben gerettet, indem ich dich in mein Schloss gelassen habe"
"Ti ho salvato la vita permettendoti di entrare nel mio castello"
"und dafür stiehlst du mir im Gegenzug meine Rosen?"

"E per questo mi rubi in cambio le mie rose?"
„Die Rosen sind für mich mehr wert als alles andere"
"Le rose che apprezzo più di ogni altra cosa"
„Aber du wirst für das, was du getan hast, sterben"
"Ma tu morirai per quello che hai fatto"
„Ich gebe Ihnen nur eine Viertelstunde, um sich vorzubereiten"
"Ti do solo un quarto d'ora per prepararti"
„Bereiten Sie sich auf den Tod vor und sprechen Sie Ihre Gebete"
"Preparati alla morte e dì le tue preghiere"
der Kaufmann fiel auf die Knie
Il mercante cadde in ginocchio
und er hob beide Hände
e alzò entrambe le mani
„Mein Herr, ich flehe Sie an, mir zu vergeben"
"Mio signore, ti supplico di perdonarmi"
„Ich hatte nicht die Absicht, Sie zu beleidigen"
"Non avevo intenzione di offenderti"
„Ich habe für eine meiner Töchter eine Rose gepflückt"
"Ho raccolto una rosa per una delle mie figlie"
„Sie bat mich, ihr eine Rose mitzubringen"
"Mi ha chiesto di portarle una rosa"
„Ich bin nicht euer Herr, sondern ein Tier", antwortete das Monster
"Non sono il tuo signore, ma sono una Bestia," rispose il mostro
„Ich mag keine Komplimente"
"Non amo i complimenti"
„Ich mag Menschen, die so sprechen, wie sie denken"
"Mi piacciono le persone che parlano come pensano"
„glauben Sie nicht, dass ich durch Schmeicheleien bewegt werden kann"
"non crediate che io possa essere commosso dall'adulazione"
„Aber Sie sagen, Sie haben Töchter"
"Ma tu dici di avere delle figlie"

„Ich werde dir unter einer Bedingung vergeben"
"Ti perdonerò a una condizione"
„Eine deiner Töchter muss freiwillig in meinen Palast kommen"
"Una delle tue figlie deve venire volentieri al mio palazzo"
"und sie muss für dich leiden"
"E deve soffrire per te"
„Gib mir Dein Wort"
"Fammi avere la tua parola"
„Und dann können Sie Ihren Geschäften nachgehen"
"E poi puoi fare i fatti tuoi"
„Versprich mir das:"
"Promettimi questo:"
„Wenn Ihre Tochter sich weigert, für Sie zu sterben, müssen Sie innerhalb von drei Monaten zurückkehren"
"Se tua figlia si rifiuta di morire per te, devi tornare entro tre mesi"
der Kaufmann hatte nicht die Absicht, seine Töchter zu opfern
Il mercante non aveva intenzione di sacrificare le sue figlie
aber da ihm Zeit gegeben wurde, wollte er seine Töchter noch einmal sehen
ma, poiché gli era stato dato tempo, voleva rivedere le sue figlie
also versprach er, dass er zurückkehren würde
Così promise che sarebbe tornato
und das Tier sagte ihm, er könne aufbrechen, wann er wolle
e la Bestia gli disse che poteva partire quando gli piaceva
und das Tier erzählte ihm noch etwas
e la Bestia gli disse un'altra cosa
„Du sollst nicht mit leeren Händen gehen"
"Non te ne andrai a mani vuote"
„Geh zurück in das Zimmer, in dem du lagst"
"Torna nella stanza dove ti sei sdraiato"
„Sie werden eine große leere Schatzkiste sehen"
"Vedrai un grande scrigno vuoto"

„Fülle die Schatzkiste mit allem, was Dir am besten gefällt"
"Riempi lo scrigno del tesoro con ciò che ti piace di più"
„und ich werde die Schatzkiste zu Dir nach Hause schicken"
"e manderò lo scrigno a casa tua"
und gleichzeitig zog sich das Tier zurück
e nello stesso tempo la Bestia si ritirò
„Nun", sagte sich der gute Mann
"Ebbene," disse il brav'uomo tra sé
„Wenn ich sterben muss, werde ich meinen Kindern wenigstens etwas hinterlassen"
"se devo morire, lascerò almeno qualcosa ai miei figli"
so kehrte er ins Schlafzimmer zurück
Così tornò nella camera da letto
und er fand sehr viele Goldstücke
e trovò un gran numero di pezzi d'oro
er füllte die Schatzkiste, die das Tier erwähnt hatte
riempì lo scrigno del tesoro di cui la Bestia aveva parlato
und er holte sein Pferd aus dem Stall
e prese il cavallo dalla stalla
die Freude, die er beim Betreten des Palastes empfand, war nun genauso groß wie die Trauer, die er beim Verlassen des Palastes empfand
La gioia che provava entrando nel palazzo era ora pari al dolore che provava lasciandolo
Das Pferd nahm einen der Wege im Wald
Il cavallo prese una delle strade della foresta
und in wenigen Stunden war der gute Mann zu Hause
e in poche ore il brav'uomo fu a casa
seine Kinder kamen zu ihm
i suoi figli vennero da lui
aber anstatt ihre Umarmungen mit Freude entgegenzunehmen, sah er sie an
ma invece di ricevere i loro abbracci con piacere, li guardò
er hielt den Ast hoch, den er in den Händen hielt
Sollevò il ramo che aveva tra le mani
und dann brach er in Tränen aus

e poi scoppiò in lacrime
„Schönheit", sagte er, „nimm bitte diese Rosen"
"Bellezza", disse, "per favore prendi queste rose"
„Sie können nicht wissen, wie teuer diese Rosen waren"
"Non puoi sapere quanto siano state costose queste rose"
„Diese Rosen haben deinen Vater das Leben gekostet"
"Queste rose sono costate la vita a tuo padre"
und dann erzählte er von seinem tödlichen Abenteuer
e poi raccontò la sua fatale avventura
Sofort schrien die beiden ältesten Schwestern
Immediatamente le due sorelle maggiori gridarono
und sie sagten viele gemeine Dinge zu ihrer schönen Schwester
E dissero molte cose cattive alla loro bella sorella
aber die Schönheit weinte überhaupt nicht
ma la Bella non pianse affatto
„Seht euch den Stolz dieses kleinen Schurken an", sagten sie
"Guarda l'orgoglio di quel disgraziato," dissero.
„Sie hat nicht nach schönen Kleidern gefragt"
"Non ha chiesto bei vestiti"
„Sie hätte tun sollen, was wir getan haben"
"Avrebbe dovuto fare quello che abbiamo fatto noi"
„Sie wollte sich hervortun"
"Voleva distinguersi"
„so wird sie nun den Tod unseres Vaters bedeuten"
"Così ora sarà la morte del Padre nostro"
„und doch vergießt sie keine Träne"
"eppure non versa una lacrima"
"Warum sollte ich weinen?", antwortete die Schönheit
"Perché dovrei piangere?" rispose Bella
„Weinen wäre völlig unnötig"
"Piangere sarebbe molto inutile"
„Mein Vater wird nicht für mich leiden"
"Il Padre mio non patirà per me"
„Das Monster wird eine seiner Töchter akzeptieren"

"Il mostro accetterà una delle sue figlie"
„Ich werde mich seiner ganzen Wut aussetzen"
"Mi offrirò a tutto il suo furore"
„Ich bin sehr glücklich, denn mein Tod wird das Leben meines Vaters retten"
"Sono molto felice, perché la mia morte salverà la vita di mio padre"
„Mein Tod wird ein Beweis meiner Liebe sein"
"La mia morte sarà una prova del mio amore"
„Nein, Schwester", sagten ihre drei Brüder
«No, sorella», dissero i tre fratelli
„das darf nicht sein"
"Questo non avverrà"
„Wir werden das Monster finden"
"Andremo a cercare il mostro"
"und entweder wir werden ihn töten..."
"E o lo uccideremo..."
„... oder wir werden bei dem Versuch umkommen"
"... o periremo nel tentativo"
„Stellt euch nichts dergleichen vor, meine Söhne", sagte der Kaufmann
"Non immaginate una cosa del genere, figli miei," disse il mercante
„Die Kraft des Biests ist so groß, dass ich keine Hoffnung habe, dass Ihr es besiegen könntet."
"il potere della Bestia è così grande che non ho alcuna speranza che tu possa sconfiggerlo"
„Ich bin entzückt von dem freundlichen und großzügigen Angebot der Schönheit"
"Sono affascinato dalla gentile e generosa offerta della Bellezza"
„aber ich kann ihre Großzügigkeit nicht annehmen"
"ma non posso accettare la sua generosità"
„Ich bin alt und habe nicht mehr lange zu leben"
"Sono vecchio e non mi resta molto da vivere"
„also kann ich nur ein paar Jahre verlieren"

"così posso perdere solo qualche anno"
„Zeit, die ich für euch bereue, meine lieben Kinder"
"Tempo che rimpiango per voi, miei cari figli"
„Aber Vater", sagte die Schönheit
«Ma padre» disse Bella
„Du sollst nicht ohne mich in den Palast gehen"
"Non andrai a palazzo senza di me"
„Du kannst mich nicht davon abhalten, dir zu folgen"
"Non puoi impedirmi di seguirti"
nichts könnte Schönheit vom Gegenteil überzeugen
nulla potrebbe convincere la Bellezza del contrario
Sie bestand darauf, in den schönen Palast zu gehen
Insistette per andare al bel palazzo
und ihre Schwestern waren erfreut über ihre Beharrlichkeit
e le sue sorelle erano contente della sua insistenza
Der Kaufmann war besorgt bei dem Gedanken, seine Tochter zu verlieren
Il mercante era preoccupato al pensiero di perdere la figlia
er war so besorgt, dass er die Truhe voller Gold vergessen hatte
Era così preoccupato che si era dimenticato del forziere pieno d'oro
Abends begab er sich zur Ruhe und schloss die Tür seines Zimmers.
Di notte si ritirava a riposare e chiudeva la porta della camera
Dann fand er zu seinem großen Erstaunen den Schatz neben seinem Bett.
poi, con suo grande stupore, trovò il tesoro accanto al letto
er war entschlossen, es seinen Kindern nicht zu erzählen
Era deciso a non dirlo ai suoi figli
Wenn sie es gewusst hätten, wären sie in die Stadt zurückgekehrt
Se l'avessero saputo, avrebbero voluto tornare in città
und er war entschlossen, das Land nicht zu verlassen
ed era deciso a non lasciare la campagna
aber er vertraute der Schönheit das Geheimnis

ma lui si fidava della Bella con il segreto
Sie teilte ihm mit, dass zwei Herren gekommen seien
Lo informò che erano venuti due signori
und sie machten ihren Schwestern einen Heiratsantrag
e fecero proposte alle sue sorelle
Sie bat ihren Vater, ihrer Heirat zuzustimmen
Pregò suo padre di acconsentire al loro matrimonio
und sie bat ihn, ihnen etwas von seinem Vermögen zu geben
e gli chiese di dare loro un po' della sua fortuna
sie hatte ihnen bereits vergeben
Lei li aveva già perdonati
Die bösen Kreaturen rieben ihre Augen mit Zwiebeln
Le creature malvagie si strofinavano gli occhi con le cipolle
um beim Abschied von der Schwester ein paar Tränen zu vergießen
per forzare alcune lacrime quando si sono separati dalla sorella
aber ihre Brüder waren wirklich besorgt
Ma i suoi fratelli erano davvero preoccupati
Schönheit war die einzige, die keine Tränen vergoss
La bellezza era l'unica che non versava lacrime
sie wollte ihr Unbehagen nicht vergrößern
Non voleva aumentare il loro disagio
Das Pferd nahm den direkten Weg zum Palast
Il cavallo prese la strada diretta verso il palazzo
und gegen Abend sahen sie den erleuchteten Palast
e verso sera videro il palazzo illuminato
das Pferd begab sich wieder in den Stall
Il cavallo si riportò nella stalla
und der gute Mann und seine Tochter gingen in die große Halle
E il brav'uomo e sua figlia entrarono nella sala grande
hier fanden sie einen herrlich gedeckten Tisch
Qui trovarono una tavola splendidamente imbandita
der Kaufmann hatte keinen Appetit zu essen

Il mercante non aveva appetito per mangiare
aber die Schönheit bemühte sich, fröhlich zu erscheinen
ma la Bella si sforzava di apparire allegra
sie setzte sich an den Tisch und half ihrem Vater
Si sedette a tavola e aiutò suo padre
aber sie dachte auch bei sich:
Ma pensò anche tra sé:
„Das Biest will mich sicher mästen, bevor es mich frisst"
"La bestia vuole certo ingrassarmi prima di mangiarmi"
„deshalb sorgt er für so viel Unterhaltung"
"Ecco perché provvede così tanti divertimenti"
Nachdem sie gegessen hatten, hörten sie ein großes Geräusch
Dopo aver mangiato, udirono un gran rumore
und der Kaufmann verabschiedete sich mit Tränen in den Augen von seinem unglücklichen Kind
e il mercante disse addio al suo sfortunato bambino, con le lacrime agli occhi
weil er wusste, dass das Biest kommen würde
perché sapeva che la Bestia stava arrivando
Die Schönheit war entsetzt über seine schreckliche Gestalt
Beauty era terrorizzata dalla sua forma orribile
aber sie nahm ihren Mut zusammen, so gut sie konnte
ma si fece coraggio meglio che poté
und das Monster fragte sie, ob sie freiwillig mitkäme
e il mostro le chiese se fosse venuta volentieri
"ja, ich bin freiwillig gekommen", sagte sie zitternd
«Sì, sono venuta volentieri», disse lei tremante
Das Tier antwortete: „Du bist sehr gut"
la Bestia rispose: "Sei molto buono"
„und ich bin Ihnen zu großem Dank verpflichtet, ehrlicher Mann"
"e vi sono molto grato; uomo onesto"
„Geht morgen früh eure Wege"
"Andate per la vostra strada domani mattina"
„aber denk nie daran, wieder hierher zu kommen"

"ma non pensare mai più di venire qui"
„Lebe wohl, Schönheit, lebe wohl, Biest", antwortete er
"Addio Bella, addio Bestia," rispose lui
und sofort zog sich das Monster zurück
e subito il mostro si ritirò
"Oh, Tochter", sagte der Kaufmann
"Oh, figlia," disse il mercante
und er umarmte seine Tochter noch einmal
e abbracciò ancora una volta la figlia
„Ich habe fast Todesangst"
"Ho quasi paura a morte"
„glauben Sie mir, Sie sollten lieber zurückgehen"
"Credimi, faresti meglio a tornare indietro"
„Lass mich hier bleiben, statt dir"
"Lasciami stare qui, al posto tuo"
„Nein, Vater", sagte die Schönheit entschlossen
«No, padre» disse Bella in tono risoluto
„Du sollst morgen früh aufbrechen"
"Partirai domani mattina"
„überlasse mich der Obhut und dem Schutz der Vorsehung"
"Lasciami alle cure e alla protezione della Provvidenza"
trotzdem gingen sie zu Bett
Ciononostante andarono a letto
Sie dachten, sie würden die ganze Nacht kein Auge zutun
Pensavano che non avrebbero chiuso occhio tutta la notte
aber als sie sich hinlegten, schliefen sie ein
ma proprio come si sdraiarono, dormirono
Die Schönheit träumte, eine schöne Dame kam und sagte zu ihr:
La Bella sognò che una bella dama veniva e le diceva:
„Ich bin zufrieden, Schönheit, mit deinem guten Willen"
"Sono contenta, Bella, della tua buona volontà"
„Diese gute Tat von Ihnen wird nicht unbelohnt bleiben"
"Questa tua buona azione non rimarrà senza ricompensa"
Die Schöne erwachte und erzählte ihrem Vater ihren Traum
Bella si svegliò e raccontò a suo padre il suo sogno

der Traum tröstete ihn ein wenig
Il sogno lo aiutò a confortarlo un po'
aber er konnte nicht anders, als bitterlich zu weinen, als er ging
ma non poté fare a meno di piangere amaramente mentre se ne andava
Sobald er weg war, setzte sich Schönheit in die große Halle und weinte ebenfalls
appena se ne fu andato, Bella sedette nella grande sala e pianse anche lei
aber sie beschloss, sich keine Sorgen zu machen
ma decise di non essere a disagio
Sie beschloss, in der kurzen Zeit, die ihr noch zu leben blieb, stark zu sein
Decise di essere forte per il poco tempo che le restava da vivere
weil sie fest davon überzeugt war, dass das Biest sie fressen würde
perché credeva fermamente che la Bestia l'avrebbe mangiata
Sie dachte jedoch, sie könnte genauso gut den Palast erkunden
Tuttavia, pensò che avrebbe potuto anche esplorare il palazzo
und sie wollte das schöne Schloss besichtigen
e voleva vedere il bel castello
ein Schloss, das sie bewundern musste
un castello che non poté fare a meno di ammirare
Es war ein wunderbar angenehmer Palast
Era un palazzo deliziosamente piacevole
und sie war äußerst überrascht, als sie eine Tür sah
e fu estremamente sorpresa nel vedere una porta
und über der Tür stand, dass es ihr Zimmer sei
e sopra la porta c'era scritto che era la sua stanza
sie öffnete hastig die Tür
Aprì la porta in fretta
und sie war ganz geblendet von der Pracht des Raumes
e lei era piuttosto abbagliata dalla magnificenza della stanza

was ihre Aufmerksamkeit vor allem auf sich zog, war eine große Bibliothek
Ciò che attirava principalmente la sua attenzione era una grande biblioteca
ein Cembalo und mehrere Notenbücher
un clavicembalo e diversi libri di musica
„Nun", sagte sie zu sich selbst
«Ebbene», disse tra sé
„Ich sehe, das Biest wird meine Zeit nicht verstreichen lassen"
"Vedo che la Bestia non lascerà che il mio tempo penda pesantemente"
dann dachte sie über ihre Situation nach
Poi ha riflettuto tra sé e sé sulla sua situazione
„Wenn ich einen Tag bleiben sollte, wäre das alles nicht hier"
"Se dovessi restare un giorno tutto questo non sarebbe qui"
diese Überlegung gab ihr neuen Mut
Questa considerazione le ispirò nuovo coraggio
und sie nahm ein Buch aus ihrer neuen Bibliothek
e prese un libro dalla sua nuova biblioteca
und sie las diese Worte in goldenen Buchstaben:
E lesse queste parole a lettere d'oro:
„Begrüße Schönheit, vertreibe die Angst"
"Benvenuta Bellezza, scaccia la paura"
„Du bist hier Königin und Herrin"
"Tu sei la regina e la padrona qui"
„Sprich deine Wünsche aus, sprich deinen Willen aus"
"Esprimi i tuoi desideri, esprimi la tua volontà"
„Schneller Gehorsam begegnet hier Ihren Wünschen"
"La rapida obbedienza soddisfa i tuoi desideri qui"
"Ach", sagte sie mit einem Seufzer
«Ahimè», disse lei, con un sospiro
„Am meisten wünsche ich mir, meinen armen Vater zu sehen"
"Più di tutto desidero vedere il mio povero padre"

„und ich würde gerne wissen, was er tut"
"e vorrei sapere cosa sta facendo"
Kaum hatte sie das gesagt, bemerkte sie den Spiegel
Appena ebbe detto questo, notò lo specchio
zu ihrem großen Erstaunen sah sie ihr eigenes Zuhause im Spiegel
Con suo grande stupore vide la propria casa nello specchio
Ihr Vater kam emotional erschöpft an
Suo padre è arrivato emotivamente esausto
Ihre Schwestern gingen ihm entgegen
Le sue sorelle gli andarono incontro
trotz ihrer Versuche, traurig zu wirken, war ihre Freude sichtbar
Nonostante i loro tentativi di apparire addolorati, la loro gioia era visibile
einen Moment später war alles verschwunden
Un attimo dopo tutto scomparve
und auch die Befürchtungen der Schönheit verschwanden
e anche le apprensioni della Bella scomparvero
denn sie wusste, dass sie dem Tier vertrauen konnte
perché sapeva di potersi fidare della Bestia
Mittags fand sie das Abendessen fertig
A mezzogiorno trovò la cena pronta
sie setzte sich an den Tisch
Si sedette a tavola
und sie wurde mit einem Musikkonzert unterhalten
e fu intrattenuta con un concerto di musica
obwohl sie niemanden sehen konnte
anche se non riusciva a vedere nessuno
abends setzte sie sich wieder zum Abendessen
La sera si sedette di nuovo a cena
diesmal hörte sie das Geräusch, das das Tier machte
questa volta sentì il rumore che faceva la Bestia
und sie konnte nicht anders, als Angst zu haben
e non poté fare a meno di essere terrorizzata
"Schönheit", sagte das Monster

"Bellezza," disse il mostro
"erlaubst du mir, mit dir zu essen?"
"Mi permetti di mangiare con te?"
"Mach, was du willst", antwortete die Schönheit zitternd
"Fai come ti pare," rispose Bella tremante
„Nein", antwortete das Tier
"No," rispose la Bestia
„Du allein bist hier die Herrin"
"Tu sola sei la padrona qui"
„Sie können mich wegschicken, wenn ich Ärger mache"
"Puoi mandarmi via se sono fastidioso"
„schick mich fort, und ich werde mich sofort zurückziehen"
"mandami via e mi ritirerò immediatamente"
„Aber sagen Sie mir: Finden Sie mich nicht sehr hässlich?"
"Ma, dimmi; non pensi che io sia molto brutta?"
„Das stimmt", sagte die Schönheit
«È vero» disse Bella
„Ich kann nicht lügen"
"Non posso dire una bugia"
„aber ich glaube, Sie sind sehr gutmütig"
"ma credo che tu sia di buon carattere"
„Das bin ich tatsächlich", sagte das Monster
"Lo sono davvero," disse il mostro
„Aber abgesehen von meiner Hässlichkeit habe ich auch keinen Verstand"
"Ma a parte la mia bruttezza, non ho nemmeno senno"
„Ich weiß sehr wohl, dass ich ein dummes Wesen bin"
"So benissimo di essere una creatura sciocca"
„Es ist kein Zeichen von Torheit, so zu denken", antwortete die Schönheit
«Non è un segno di follia pensarlo», rispose Bella
„Dann iss, Schönheit", sagte das Monster
"Mangia allora, Bella," disse il mostro
„Versuchen Sie, sich in Ihrem Palast zu amüsieren"
"Cerca di divertirti nel tuo palazzo"
"alles hier gehört dir"

"Tutto qui è tuo"
„Und ich wäre sehr unruhig, wenn Sie nicht glücklich wären"
"e mi sentirei molto a disagio se tu non fossi felice"
„Sie sind sehr zuvorkommend", antwortete die Schönheit
"Sei molto cortese," rispose Bella
„Ich gebe zu, ich freue mich über Ihre Freundlichkeit"
"Ammetto di essere contento della tua gentilezza"
„Und wenn ich über deine Freundlichkeit nachdenke, fallen mir deine Missbildungen kaum auf"
"e quando considero la tua gentilezza, quasi non noto le tue deformità"
„Ja, ja", sagte das Tier, „mein Herz ist gut
"Sì, sì," disse la Bestia, "il mio cuore è buono
„Aber obwohl ich gut bin, bin ich immer noch ein Monster"
"ma anche se sono bravo, sono pur sempre un mostro"
„Es gibt viele Männer, die diesen Namen mehr verdienen als Sie."
"Ci sono molti uomini che meritano questo nome più di te"
„und ich bevorzuge dich, so wie du bist"
"e ti preferisco così come sei"
„und ich ziehe dich denen vor, die ein undankbares Herz verbergen"
"e ti preferisco più di quelli che nascondono un cuore ingrato"
„Wenn ich nur etwas Verstand hätte", antwortete das Biest
"se solo avessi un po' di buonsenso," rispose la Bestia
„Wenn ich vernünftig wäre, würde ich Ihnen als Dank ein schönes Kompliment machen"
"se avessi buon senso farei un bel complimento per ringraziarvi"
"aber ich bin so langweilig"
"ma sono così ottuso"
„Ich kann nur sagen, dass ich Ihnen zu großem Dank verpflichtet bin"
"Posso solo dire che ti sono molto grato"
Schönheit aß ein herzhaftes Abendessen

La bellezza ha mangiato una cena abbondante
und sie hatte ihre Angst vor dem Monster fast überwunden
e aveva quasi vinto il suo terrore del mostro
aber sie wollte ohnmächtig werden, als das Biest ihr die nächste Frage stellte
ma voleva svenire quando la Bestia le fece la domanda successiva
"Schönheit, willst du meine Frau werden?"
"Bella, vuoi essere mia moglie?"
es dauerte eine Weile, bis sie antworten konnte
Ci mise un po' di tempo prima di poter rispondere
weil sie Angst hatte, ihn wütend zu machen
perché aveva paura di farlo arrabbiare
Schließlich sagte sie jedoch "nein, Biest"
alla fine, però, disse "no, Bestia"
sofort zischte das arme Monster ganz fürchterlich
Immediatamente il povero mostro sibilò spaventosamente
und der ganze Palast hallte
e tutto il palazzo echeggiò
aber die Schönheit erholte sich bald von ihrem Schrecken
ma la Bella si riprese presto dallo spavento
denn das Tier sprach wieder mit trauriger Stimme
perché la Bestia parlò di nuovo con voce triste
„Dann leb wohl, Schönheit"
"allora addio, Bellezza"
und er drehte sich nur ab und zu um
e lui tornava indietro solo di tanto in tanto
um sie anzusehen, als er hinausging
a guardarla mentre usciva
jetzt war die Schönheit wieder allein
ora la Bella era di nuovo sola
Sie empfand großes Mitgefühl
Provava una grande compassione
„Ach, es ist tausendmal schade"
"Ahimè, sono mille pietà"
„Etwas, das so gutmütig ist, sollte nicht so hässlich sein"

"Tutto ciò che è così bonario non dovrebbe essere così brutto"
Schönheit verbrachte drei Monate sehr zufrieden im Palast
Bella trascorse tre mesi molto contenta nel palazzo
jeden Abend stattete ihr das Biest einen Besuch ab
ogni sera la Bestia le faceva visita
und sie redeten beim Abendessen
e parlarono durante la cena
Sie sprachen mit gesundem Menschenverstand
Parlavano con buon senso
aber sie sprachen nicht mit dem, was man als geistreich bezeichnet
Ma non parlavano con quella che la gente chiama arguzia
Schönheit entdeckte immer einen wertvollen Charakter im Biest
La Bella ha sempre scoperto un carattere prezioso nella Bestia
und sie hatte sich an seine Missbildung gewöhnt
e si era abituata alla sua deformità
sie fürchtete sich nicht mehr vor seinem Besuch
Non temeva più l'ora della sua visita
jetzt schaute sie oft auf die Uhr
ora guardava spesso l'orologio
und sie konnte es kaum erwarten, bis es neun Uhr war
e non vedeva l'ora che fossero le nove
denn das Tier kam immer zu dieser Stunde
perché la Bestia non mancava mai di arrivare a quell'ora
Es gab nur eine Sache, die Schönheit betraf
c'era solo una cosa che riguardava la Bellezza
jeden Abend, bevor sie ins Bett ging, stellte ihr das Biest die gleiche Frage
ogni sera, prima di andare a letto, la Bestia le faceva la stessa domanda
Das Monster fragte sie, ob sie seine Frau werden wolle
Il mostro le chiese se sarebbe stata sua moglie
Eines Tages sagte sie zu ihm: „Biest, du machst mir große Sorgen."
un giorno gli disse: "Bestia, mi metti molto a disagio"

„Ich wünschte, ich könnte einwilligen, dich zu heiraten"
"Vorrei poter acconsentire a sposarti"
„Aber ich bin zu aufrichtig, um dir zu glauben zu machen, dass ich dich heiraten würde"
"ma sono troppo sincero per farti credere che ti sposerei"
„Unsere Ehe wird nie stattfinden"
"Il nostro matrimonio non si farà mai"
„Ich werde dich immer als Freund sehen"
"Ti vedrò sempre come un amico"
„Bitte versuchen Sie, damit zufrieden zu sein"
"Per favore, cerca di essere soddisfatto di questo"
„Damit muss ich zufrieden sein", sagte das Tier
"Devo essere soddisfatto di questo," disse la Bestia
„Ich kenne mein eigenes Unglück"
"Conosco la mia sfortuna"
„aber ich liebe dich mit der zärtlichsten Zuneigung"
"ma io ti amo con il più tenero affetto"
„Ich sollte mich jedoch als glücklich betrachten"
"Tuttavia, dovrei considerarmi felice"
"und ich würde mich freuen, wenn du hier bleibst"
"e sarei felice che tu restassi qui"
„versprich mir, mich nie zu verlassen"
"Promettimi di non lasciarmi mai"
Schönheit errötete bei diesen Worten
La bellezza arrossì a queste parole
Eines Tages schaute die Schönheit in ihren Spiegel
un giorno la Bella si guardava allo specchio
ihr Vater hatte sich schreckliche Sorgen um sie gemacht
suo padre si era preoccupato da morire per lei
sie sehnte sich mehr denn je danach, ihn wiederzusehen
desiderava rivederlo più che mai
„Ich könnte versprechen, dich nie ganz zu verlassen"
"Potrei prometterti di non lasciarti mai del tutto"
„aber ich habe so ein großes Verlangen, meinen Vater zu sehen"
"ma ho tanta voglia di vedere mio padre"

„Ich wäre unendlich verärgert, wenn Sie nein sagen würden"
"Sarei incredibilmente arrabbiato se dicessi di no"
"Ich würde lieber selbst sterben", sagte das Monster
«Preferirei morire io stesso», disse il mostro
„Ich würde lieber sterben, als dir Unbehagen zu bereiten"
"Preferirei morire piuttosto che farti sentire a disagio"
„Ich werde dich zu deinem Vater schicken"
"Ti manderò da tuo padre"
„Du sollst bei ihm bleiben"
"Tu rimarrai con lui"
"und dieses unglückliche Tier wird stattdessen vor Kummer sterben"
"e questa sfortunata Bestia morirà invece di dolore"
"Nein", sagte die Schönheit weinend
«No», disse Bella, piangendo
„Ich liebe dich zu sehr, um die Ursache deines Todes zu sein"
"Ti amo troppo per essere la causa della tua morte"
„Ich verspreche Ihnen, in einer Woche wiederzukommen"
"Ti prometto di tornare tra una settimana"
„Du hast mir gezeigt, dass meine Schwestern verheiratet sind"
"Mi hai mostrato che le mie sorelle sono sposate"
„und meine Brüder sind zur Armee gegangen"
"E i miei fratelli sono andati all'esercito"
"Lass mich eine Woche bei meinem Vater bleiben, da er allein ist"
"Lasciami stare una settimana con mio padre, perché è solo"
"Morgen früh wirst du dort sein", sagte das Tier
"Sarai lì domani mattina," disse la Bestia
„Aber denk an dein Versprechen"
"Ma ricordati della tua promessa"
„Sie brauchen Ihren Ring nur auf den Tisch zu legen, bevor Sie zu Bett gehen."
"Devi solo posare il tuo anello su un tavolo prima di andare a

letto"
"Und dann werdet ihr vor dem Morgen zurückgebracht"
"E poi sarai ricondotto prima del mattino"
„Lebe wohl, liebe Schönheit", seufzte das Tier
"Addio cara Bella," sospirò la Bestia
Die Schönheit ging an diesem Abend sehr traurig ins Bett
Bella andò a letto molto triste quella notte
weil sie das Tier nicht so besorgt sehen wollte
perché non voleva vedere la Bestia così preoccupata
am nächsten Morgen fand sie sich im Haus ihres Vaters wieder
La mattina dopo si ritrovò a casa di suo padre
sie läutete eine kleine Glocke neben ihrem Bett
Ha suonato un campanello accanto al suo letto
und das Dienstmädchen stieß einen lauten Schrei aus
e la cameriera lanciò un forte grido
und ihr Vater rannte nach oben
e suo padre corse al piano di sopra
er dachte, er würde vor Freude sterben
Pensava che sarebbe morto di gioia
er hielt sie eine Viertelstunde lang in seinen Armen
La tenne tra le braccia per un quarto d'ora
irgendwann waren die ersten Grüße vorbei
Alla fine i primi saluti erano finiti
Schönheit begann daran zu denken, aus dem Bett zu steigen
La Bella cominciò a pensare di alzarsi dal letto
aber sie merkte, dass sie keine Kleidung mitgebracht hatte
ma si rese conto di non aver portato vestiti
aber das Dienstmädchen sagte ihr, sie habe eine Kiste gefunden
ma la cameriera le disse che aveva trovato una scatola
der große Koffer war voller Kleider und Kleider
Il grande baule era pieno di abiti e vestiti
jedes Kleid war mit Gold und Diamanten bedeckt
Ogni abito era ricoperto d'oro e diamanti
Schönheit dankte dem Tier für seine freundliche Pflege

La Bella ringraziò la Bestia per le sue gentili cure
und sie nahm eines der schlichtesten Kleider
e prese uno dei vestiti più semplici
Die anderen Kleider wollte sie ihren Schwestern schenken
Intendeva dare gli altri abiti alle sue sorelle
aber bei diesem Gedanken verschwand die Kleidertruhe
ma a quel pensiero il baule dei vestiti scomparve
Das Biest hatte darauf bestanden, dass die Kleidung nur für sie sei
La Bestia aveva insistito che i vestiti erano solo per lei
ihr Vater sagte ihr, dass dies der Fall sei
Suo padre le disse che era così
und sofort kam die Kleidertruhe wieder zurück
e subito il baule dei vestiti tornò di nuovo
Schönheit kleidete sich mit ihren neuen Kleidern
La bellezza si è vestita con i suoi nuovi vestiti
und in der Zwischenzeit gingen die Mägde los, um ihre Schwestern zu finden
e nel frattempo le cameriere andavano a cercare le sue sorelle
Ihre beiden Schwestern waren mit ihren Ehemännern
Entrambe le sorelle erano con i loro mariti
aber ihre beiden Schwestern waren sehr unglücklich
ma entrambe le sue sorelle erano molto infelici
Ihre älteste Schwester hatte einen sehr gutaussehenden Herrn geheiratet
La sorella maggiore aveva sposato un gentiluomo molto bello
aber er war so selbstgefällig, dass er seine Frau vernachlässigte
ma era così affezionato a se stesso che trascurava sua moglie
Ihre zweite Schwester hatte einen geistreichen Mann geheiratet
La sua seconda sorella aveva sposato un uomo spiritoso
aber er nutzte seinen Witz, um die Leute zu quälen
Ma usava la sua arguzia per tormentare la gente
und am meisten quälte er seine Frau
e tormentava sua moglie più di ogni altra cosa

Die Schwestern der Schönheit sahen sie wie eine Prinzessin gekleidet
Le sorelle di Bella la videro vestita come una principessa
und sie waren krank vor Neid
ed erano nauseati d'invidia
jetzt war sie schöner als je zuvor
ora era più bella che mai
ihr liebevolles Verhalten konnte ihre Eifersucht nicht unterdrücken
Il suo comportamento affettuoso non riusciva a soffocare la loro gelosia
Sie erzählte ihnen, wie glücklich sie mit dem Tier war
disse loro quanto fosse felice con la Bestia
und ihre Eifersucht war kurz vor dem Platzen
e la loro gelosia era pronta a scoppiare
Sie gingen in den Garten, um über ihr Unglück zu weinen
Scesero in giardino a piangere per la loro sfortuna
„Inwiefern ist dieses kleine Geschöpf besser als wir?"
"In che senso questa piccola creatura è migliore di noi?"
„Warum sollte sie so viel glücklicher sein?"
«Perché dovrebbe essere molto più felice?»
„Schwester", sagte die ältere Schwester
"Sorella", disse la sorella maggiore
„Mir ist gerade ein Gedanke gekommen"
"Un pensiero mi ha colpito la mente"
„Versuchen wir, sie länger als eine Woche hier zu behalten"
"Cerchiamo di tenerla qui per più di una settimana"
„Vielleicht macht das das dumme Monster wütend"
"Forse questo farà infuriare lo sciocco mostro"
„weil sie ihr Wort gebrochen hätte"
"perché avrebbe mancato alla sua parola"
"und dann könnte er sie verschlingen"
"e allora potrebbe divorarla"
"Das ist eine tolle Idee", antwortete die andere Schwester
«È un'ottima idea», rispose l'altra sorella
„Wir müssen ihr so viel Freundlichkeit wie möglich

entgegenbringen"
"Dobbiamo mostrarle quanta più gentilezza possibile"
Die Schwestern fassten den Entschluss
Le suore presero questa decisione
und sie verhielten sich sehr liebevoll gegenüber ihrer Schwester
e si comportavano molto affettuosamente con la sorella
Die arme Schönheit weinte vor Freude über all ihre Freundlichkeit
la povera Bella piangeva di gioia per tutta la sua gentilezza
Als die Woche um war, weinten sie und rauften sich die Haare
Quando la settimana era scaduta, piangevano e si strappavano i capelli
es schien ihnen so leid zu tun, sich von ihr zu trennen
Sembravano così dispiaciuti di separarsi da lei
und die Schönheit versprach, noch eine Woche länger zu bleiben
e Beauty ha promesso di rimanere una settimana in più
In der Zwischenzeit konnte die Schönheit nicht umhin, über sich selbst nachzudenken
Nel frattempo, Beauty non poteva fare a meno di riflettere su se stessa
sie machte sich Sorgen darüber, was sie dem armen Tier antat
si preoccupava di quello che stava facendo alla povera Bestia
Sie wusste, dass sie ihn aufrichtig liebte
Lei sa che lo amava sinceramente
und sie sehnte sich wirklich danach, ihn wiederzusehen
e desiderava davvero rivederlo
Auch die zehnte Nacht verbrachte sie bei ihrem Vater
la decima notte la passò anche lei a casa del padre
sie träumte, sie sei im Schlossgarten
Sognò di essere nel giardino del palazzo
und sie träumte, sie sähe das Tier ausgestreckt im Gras liegen

e sognò di vedere la Bestia distesa sull'erba
er schien ihr mit sterbender Stimme Vorwürfe zu machen
sembrava rimproverarla con voce morente
und er warf ihr Undankbarkeit vor
e lui l'accusò di ingratitudine
Schönheit erwachte aus ihrem Schlaf
La bella si svegliò dal suo sonno
und sie brach in Tränen aus
e scoppiò in lacrime
„Bin ich nicht sehr böse?"
"Non sono io molto malvagio?"
„War es nicht grausam von mir, so unfreundlich gegenüber dem Tier zu sein?"
«Non è stato crudele da parte mia comportarmi in modo così scortese con la Bestia?»
„Das Biest hat alles getan, um mir zu gefallen"
"La bestia ha fatto di tutto per farmi piacere"
"Ist es seine Schuld, dass er so hässlich ist?"
«È colpa sua se è così brutto?»
„Ist es seine Schuld, dass er so wenig Verstand hat?"
«È colpa sua se ha così poco spirito?»
„Er ist freundlich und gut, und das genügt"
"È buono e gentile, e questo basta"
„Warum habe ich mich geweigert, ihn zu heiraten?"
"Perché ho rifiutato di sposarlo?"
„Ich sollte mit dem Monster glücklich sein"
"Dovrei essere felice con il mostro"
„Schau dir die Männer meiner Schwestern an"
"Guarda i mariti delle mie sorelle"
„Weder Witz noch Schönheit machen sie gut"
"né l'arguzia, né l'essere bello li rende buoni"
„Keiner ihrer Ehemänner macht sie glücklich"
"Nessuno dei loro mariti le rende felici"
„sondern Tugend, Sanftmut und Geduld"
"ma virtù, dolcezza d'animo e pazienza"
„Diese Dinge machen eine Frau glücklich"

"Queste cose rendono felice la donna"
„und das Tier hat all diese wertvollen Eigenschaften"
"e la Bestia ha tutte queste preziose qualità"
„es ist wahr, ich empfinde keine Zärtlichkeit und Zuneigung für ihn"
"È vero; Non sento la tenerezza dell'affetto per lui"
„aber ich empfinde für ihn die allergrößte Dankbarkeit"
"ma trovo di avere la più alta gratitudine per lui"
„und ich habe die höchste Wertschätzung für ihn"
"e ho la più alta stima di lui"
"und er ist mein bester Freund"
"E lui è il mio migliore amico"
„Ich werde ihn nicht unglücklich machen"
"Non lo renderò infelice"
„Wenn ich so undankbar wäre, würde ich mir das nie verzeihen"
"Se fossi così ingrato, non me lo perdonerei mai"
Schönheit legte ihren Ring auf den Tisch
La bellezza ha messo il suo anello sul tavolo
und sie ging wieder zu Bett
e andò di nuovo a letto
kaum war sie im Bett, da schlief sie ein
Era appena a letto che si addormentò
Sie wachte am nächsten Morgen wieder auf
Si svegliò di nuovo la mattina dopo
und sie war überglücklich, sich im Palast des Tieres wiederzufinden
ed era felicissima di trovarsi nel palazzo della Bestia
Sie zog eines ihrer schönsten Kleider an, um ihm zu gefallen
Ha indossato uno dei suoi vestiti più belli per compiacerlo
und sie wartete geduldig auf den Abend
e attese pazientemente la sera
kam die ersehnte Stunde
Finalmente giunse l'ora desiderata
die Uhr schlug neun, doch kein Tier erschien
l'orologio batté le nove, ma non apparve nessuna Bestia

Schönheit befürchtete dann, sie sei die Ursache seines Todes gewesen
Bella allora temeva di essere stata la causa della sua morte
Sie rannte weinend durch den ganzen Palast
Corse piangendo per tutto il palazzo
nachdem sie ihn überall gesucht hatte, erinnerte sie sich an ihren Traum
Dopo averlo cercato dappertutto, si ricordò del suo sogno
und sie rannte zum Kanal im Garten
e corse verso il canale in giardino
Dort fand sie das arme Tier ausgestreckt
lì trovò la povera Bestia distesa
und sie war sicher, dass sie ihn getötet hatte
ed era sicura di averlo ucciso
sie warf sich ohne Furcht auf ihn
gli si gettò addosso senza alcun timore
sein Herz schlug noch
il suo cuore batteva ancora
sie holte etwas Wasser aus dem Kanal
andò a prendere un po' d'acqua dal canale
und sie goss das Wasser über seinen Kopf
E gli versò l'acqua sul capo
Das Tier öffnete seine Augen und sprach mit der Schönheit
la Bestia aprì gli occhi e parlò alla Bella
„Du hast dein Versprechen vergessen"
"Hai dimenticato la tua promessa"
„Es hat mir das Herz gebrochen, dich verloren zu haben"
"Avevo il cuore spezzato per averti perso"
„Ich beschloss, zu hungern"
"Ho deciso di morire di fame"
„aber ich habe das Glück, Sie wiederzusehen"
"ma ho la felicità di rivederti ancora una volta"
„so habe ich das Vergnügen, zufrieden zu sterben"
"così ho il piacere di morire soddisfatto"
„Nein, liebes Tier", sagte die Schönheit, „du darfst nicht sterben"

"No, cara Bestia," disse la Bella, "non devi morire"
„Lebe, um mein Ehemann zu sein"
"Vivere per essere mio marito"
„Von diesem Augenblick an reiche ich dir meine Hand"
"da questo momento ti do la mia mano"
„und ich schwöre, niemand anderes als Dein zu sein"
"e giuro di essere solo tuo"
„Ach! Ich dachte, ich hätte nur Freundschaft für dich."
"Ahimè! Pensavo di avere solo un'amicizia per te"
"aber der Kummer, den ich jetzt fühle, überzeugt mich;"
"ma il dolore che provo ora mi convince";
„Ich kann nicht ohne dich leben"
"Non posso vivere senza di te"
Schönheit hatte diese Worte kaum gesagt, als sie ein Licht sah
La bellezza aveva appena pronunciato queste parole quando vide una luce
der Palast funkelte im Licht
Il palazzo brillava di luce
Feuerwerk erleuchtete den Himmel
I fuochi d'artificio illuminavano il cielo
und die Luft erfüllt mit Musik
e l'aria piena di musica
alles kündigte ein großes Ereignis an
Tutto dava l'avviso di qualche grande evento
aber nichts konnte ihre Aufmerksamkeit fesseln
ma nulla riusciva a catturare la sua attenzione
sie wandte sich ihrem lieben Tier zu
si rivolse alla sua cara Bestia
das Tier, vor dem sie vor Angst zitterte
la Bestia per la quale tremava di paura
aber ihre Überraschung über das, was sie sah, war groß!
Ma la sua sorpresa fu grande per quello che vide!
das Tier war verschwunden
la Bestia era scomparsa
stattdessen sah sie den schönsten Prinzen

invece vide il principe più bello
sie hatte den Zauber beendet
Aveva messo fine all'incantesimo
ein Zauber, unter dem er einem Tier ähnelte
un incantesimo sotto il quale assomigliava a una Bestia
dieser Prinz war all ihre Aufmerksamkeit wert
Questo principe era degno di tutta la sua attenzione
aber sie konnte nicht anders und musste fragen, wo das Biest war
ma non poté fare a meno di chiedere dove fosse la Bestia
„Du siehst ihn zu deinen Füßen", sagte der Prinz
"Lo vedi ai tuoi piedi," disse il principe
„Eine böse Fee hatte mich verdammt"
"Una fata malvagia mi aveva condannato"
„Ich sollte diese Gestalt behalten, bis eine wunderschöne Prinzessin einwilligte, mich zu heiraten."
"Dovevo rimanere in quella forma fino a quando una bella principessa non avesse accettato di sposarmi"
„Die Fee hat mein Verständnis verborgen"
"La fata ha nascosto il mio intelletto"
„Du warst der Einzige, der großzügig genug war, um von meiner guten Laune bezaubert zu sein."
"Sei stato l'unico abbastanza generoso da essere affascinato dalla bontà del mio carattere"
Schönheit war angenehm überrascht
La bellezza è stata felicemente sorpresa
und sie gab dem bezaubernden Prinzen ihre Hand
e diede la mano al principe azzurro
Sie gingen zusammen ins Schloss
Entrarono insieme nel castello
und die Schöne war überglücklich, ihren Vater im Schloss zu finden
e Bella fu felicissima di trovare suo padre nel castello
und ihre ganze Familie war auch da
e c'era anche tutta la sua famiglia
sogar die schöne Dame, die in ihrem Traum erschienen war,

war da
Anche la bella signora che le era apparsa in sogno era lì
"Schönheit", sagte die Dame aus dem Traum
"Bellezza", disse la dama del sogno
„Komm und empfange deine Belohnung"
"Vieni e ricevi la tua ricompensa"
„Sie haben die Tugend dem Witz oder dem Aussehen vorgezogen"
"Hai preferito la virtù all'arguzia o all'aspetto"
„und Sie verdienen jemanden, in dem diese Eigenschaften vereint sind"
"E tu meriti qualcuno in cui queste qualità siano unite"
„Du wirst eine großartige Königin sein"
"Diventerai una grande regina"
„Ich hoffe, der Thron wird deine Tugend nicht schmälern"
"Spero che il trono non diminuisca la tua virtù"
Dann wandte sich die Fee an die beiden Schwestern
Allora la fata si rivolse alle due sorelle
„Ich habe in eure Herzen geblickt"
"Ho visto dentro i vostri cuori"
„und ich kenne die ganze Bosheit, die in euren Herzen steckt"
"e conosco tutta la malizia che i vostri cuori contengono"
„Ihr beide werdet zu Statuen"
"Voi due diventerete statue"
„Aber ihr werdet euren Verstand bewahren"
"Ma voi manterrete la vostra mente"
„Du sollst vor den Toren des Palastes deiner Schwester stehen"
"Ti fermerai alle porte del palazzo di tua sorella"
„Das Glück deiner Schwester soll deine Strafe sein"
"La felicità di tua sorella sarà la tua punizione"
„Sie werden nicht in Ihren früheren Zustand zurückkehren können"
"Non potrai tornare ai tuoi stati precedenti"
„es sei denn, Sie beide geben Ihre Fehler zu"

"A meno che entrambi non ammettiate le vostre colpe"
„Aber ich sehe voraus, dass ihr immer Statuen bleiben werdet"
"ma prevedo che rimarrete sempre statue"
„Stolz, Zorn, Völlerei und Faulheit werden manchmal besiegt"
"L'orgoglio, l'ira, la gola e l'ozio sono talvolta vinti"
„aber die Bekehrung neidischer und böswilliger Gemüter sind Wunder"
"Ma la conversione delle menti invidiose e maligne sono miracoli"
sofort strich die Fee mit ihrem Zauberstab
Immediatamente la fata diede un colpo con la bacchetta
und im nächsten Augenblick waren alle im Saal entrückt
e in un attimo tutti quelli che erano nella sala furono trasportati
Sie waren in die Herrschaftsgebiete des Fürsten eingedrungen
Erano entrati nei domini del principe
die Untertanen des Prinzen empfingen ihn mit Freude
I sudditi del principe lo accolsero con gioia
der Priester heiratete die Schöne und das Biest
il prete sposò La bella e la bestia
und er lebte viele Jahre mit ihr
e visse con lei molti anni
und ihr Glück war vollkommen
e la loro felicità era completa
weil ihr Glück auf Tugend beruhte
perché la loro felicità era fondata sulla virtù

Das Ende
La fine

www.tranzlaty.com

www.ingramcontent.com/pod-product-compliance
Lightning Source LLC
Chambersburg PA
CBHW011553070526
44585CB00023B/2573